101 maneras sencillas
de reducir el estrés

101 maneras sencillas de reducir el estrés

Estrategias sencillas de cuidado personal para mejorar TU CEREBRO, TU ESTADO DE ÁNIMO y TU SALUD MENTAL

DRA. CAROLINE LEAF

A menos que se indique lo contrario, todas las citas de la Escritura han sido tomadas de la *Santa Biblia, Nueva Versión Internacional® NVI®* © 1999, 2015 por Biblica, Inc.® Usadas con permiso de Biblica, Inc.® Reservados todos los derechos en todo el mundo.

101 maneras sencillas de reducir el estrés
Estrategias sencillas de cuidado personal para mejorar tu cerebro, tu estado de ánimo y tu salud mental

ISBN: 978-1-64123-965-3
eBook ISBN: 978-1-64123-966-0
Impreso en los Estados Unidos de América

Whitaker House
1030 Hunt Valley Circle
New Kensington, PA 15068
www.whitakerhouse.com

Por favor, envíe sugerencias sobre este libro a: comentarios@whitakerhouse.com.

1 2 3 4 5 6 7 8 9 10 11 W 29 28 27 26 25 24 23 22

Introducción

Aunque muchos de nosotros pasamos tiempo enfocándonos en nuestra salud física, ya sea en el gimnasio, yendo a una clase de Pilates o a correr por la mañana, con frecuencia olvidamos ocuparnos de nuestra salud mental. Sin embargo, la mente es la fuente de todos nuestros pensamientos, palabras y acciones. Cuando nuestro pensamiento no es saludable, nuestra vida tampoco lo es, aun cuando hagamos ejercicio siete veces a la semana y comamos col rizada todos los días.

Es muy importante dedicar tiempo a enfocarnos en nuestro propio régimen de cuidado mental y en las maneras de estar menos estresados, puesto que la tenacidad mental y la resiliencia nos ayudarán a superar los momentos difíciles y a lograr el éxito en todas las áreas de la vida, como lo expongo en mi libro *Piensa, aprende y ten éxito*. Cuando nuestra mente sea fuerte, seremos capaces de tratar con cualquier cosa que la vida nos depare; podremos pasar de sobrevivir a prosperar.

Por supuesto, la vida puede ser muy desafiante. Nos enfrentamos constantemente a situaciones estresantes en el trabajo, en casa, en la escuela, en el automóvil... ¡Dilo tú! En muchos casos, nuestras reacciones a esas situaciones pueden empeorar las cosas. Si dejamos que nuestros pensamientos y emociones se apoderen de nosotros, podemos afectar en forma negativa nuestro bienestar mental y físico. Los pensamientos y las emociones descontrolados corren de manera desenfrenada por nuestro cerebro, lo que crea un caos neuroquímico que puede ponernos ansiosos y afectar nuestra capacidad para pensar con claridad y procesar información. Este es uno de los principales impedimentos para el éxito porque permite que se arraiguen otros hábitos de pensamiento tóxicos y problemas de salud mental.

Pero hay buenas noticias: nuestra mente es enormemente poderosa y extraordinariamente capaz. Nuestro cerebro puede cambiar mientras pensamos (neuroplasticidad) y desarrollar nuevas células cerebrales (neurogénesis). Usando el asombroso poder de nuestra mente podemos persistir y crecer en respuesta a los desafíos de la vida. Podemos tomar cautivos nuestros pensamientos y cambiar la forma en que pensamos, hablamos y actuamos.

Nuestras mentes están más que preparadas para enfrentar estas pruebas y superarlas, todo lo que tenemos que hacer es *pensar bien*. Las personas mentalmente sanas pueden afrontar todos los desafíos de la vida. Al modificar nuestro pensamiento y llevar una vida de autocuidado mental, podemos mejorar la forma en que pensamos y vivimos.

Este libro fue creado como una guía para ayudarte a comprender el incomparable poder de tu mente, tus decisiones y tu impacto. Es, en esencia, una guía práctica para principiantes sobre el autocuidado mental. Es una guía de 101 estrategias sencillas de cuidado personal para mejorar tu mente, tu estado de ánimo y tu salud mental. Mientras reflexionas sobre cada consejo, te recomiendo el siguiente proceso: pregunta, responde y discute.

Estas tres acciones destacan el proceso de aprendizaje —intencional y deliberado— que produce la memoria inteligente, el cual va más allá de la simple lectura informativa que olvidarás más adelante (para profundizar más en el aprendizaje y la formación de la memoria, consulta mi libro *Piensa, aprende y ten éxito*).

Primero, *pregunta*. Escribe en un diario varias preguntas sobre el consejo que has leído. Por ejemplo, puedes preguntarte: *¿Sentí, alguna vez, que no fui lo suficientemente bueno o que no podía hacer frente a las circunstancias de la vida? ¿Cómo respondí a ello? ¿Qué efecto tuvo eso en mi vida?* Tus preguntas están destinadas a proporcionar un punto de partida para un diálogo interno, al igual que los cuestionamientos que nos haríamos (tú y yo) durante una conversación diaria.

Luego, *responde*. Aquí aplica el consejo a tu propia vida respondiendo, en detalle, a tus dudas en la sección de *preguntas*. Es importante recordar que no hay respuestas correctas ni incorrectas en esta sección. Respondes a tus propias preguntas, las que están determinadas por tus experiencias y la forma característica en que piensas, sientes y eliges (consulta mi libro *Tu yo perfecto* para obtener más información).

Por último, *discute*. En tu diario, examina más a fondo tus propios pensamientos, palabras y acciones; luego considera el consejo del día sobre el cuidado personal mental; amplía tus observaciones y piensa en maneras prácticas en las que puedas cambiar de parecer y de vida.

Así que, ¿estás interesado en aprender a usar el extraordinario poder de tu mente para persistir y crecer en respuesta a los desafíos de la vida? No importa lo que esta te depare. Cuando domines el arte del autocuidado mental mejorarás tu mente, tu estado de ánimo y tu salud mental, de manera que logres triunfar en la vida.

1 | Establece tus intenciones para la semana

Al comienzo de cada semana establece tus intenciones para el resto de ella, incluido un tiempo para divertirte y para los «momentos de reflexión», cuando te desconectes de lo externo y te conectes con lo interno con el fin de que tu mente se desplace y medite. Esto te ayudará a prepararte mentalmente para la próxima semana; te ayudará a desarrollar la capacidad de recuperación del estrés y te dará tiempo para organizar tus ideas. ¿Cuáles son tus intenciones para esta semana? ¿Cuándo es el momento adecuado para que establezcas tus intenciones para cada semana?

2 | Sé receptivo y franco con tus intenciones

La mayoría de las discusiones y malentendidos ocurren porque tú y yo no somos claros ni francos en cuanto a cómo nos sentimos o lo que queremos, ya sea porque esperamos que otros simplemente sepan lo que deseamos o porque tememos ser sinceros en cuanto a la manera en que nos sentimos. La solución: practica la franqueza, sé claro y sincero en referencia a tus intenciones a la vez que eres gentil y amable. ¿Cuáles son algunas de las intenciones que podrías comunicarles a tus seres queridos?

3 | Entérate de lo que tu cuerpo necesita y conviértelo en una prioridad

La flora intestinal (el mundo de las bacterias que viven en el sistema digestivo) no existe solo para ayudarnos a descomponer los alimentos. Hay una conversación constante entre el cerebro y el intestino, el cual tiene sus propias y asombrosas neuronas, al igual que la médula espinal. La relación entre el intestino y el cerebro es extraordinariamente importante en lo referente a la salud mental. Así que haz de tu salud intestinal una prioridad: escucha a tu cuerpo y considera lo que comes.

4 | Cuando algo te atemorice, enfoca tu atención en una cosa

Cuando entres en pánico, busca un objeto en particular en el cual centrar toda tu atención. Una vez que lo tengas a la vista, de manera consciente y deliberada anota todo lo que puedas acerca de ese objeto: describe los patrones, el color, la forma y el tamaño. Concentra toda tu energía en ese objeto con el fin de ayudar a controlar los síntomas del pánico.

5 | Incorpora más «momentos de reflexión» a tu día

Cuando separas tiempo para desconectarte de lo externo y conectarte con lo interno para simplemente dejar que tu mente se desplace, aumentas la salud de tu cerebro. Estos «momentos de reflexión» le dan un descanso a tu cerebro, además de que le permiten reiniciarse y sanar al dejar que tu mente se mueva y sueñe despierta, lo que aumenta la claridad mental y la capacidad para resolver problemas. Por lo tanto, crea, intencionadamente, descansos diarios para «reflexionar» a lo largo del día, o cuando te sientas estresado, con el fin de desconectarte y así enfocarte en lo interno. Dedica unos minutos para sentarte y soñar despierto o meditar. ¿Cómo empezarás a incorporar más «momentos de reflexión» a tu itinerario?

6 | Evita expresar pánico como parte de tu identidad

No digas nunca «mis ataques de pánico», puesto que reclamarlos como identidad tuya puede convertirse en una profecía autocumplida, ya que todo lo que piensas y crees se fortalece en tu cerebro y afecta lo que dices y haces. Así que considéralos como una reacción, como una alergia. No vivas asociando los ataques de pánico con tu identidad.

7 | Toma un baño o una ducha caliente antes de acostarte

Si luchas por quedarte dormido, este consejo es para ti. Investigaciones recientes han demostrado que una ducha o un baño caliente antes de acostarse pueden mejorar tanto la calidad del sueño como la facilidad para conciliarlo.

8 | Sé creativo

¿Te sientes deprimido, ansioso o simplemente atrapado en una rutina? Oblígate a hacer algo creativo. La creatividad aumenta la confianza; permite más «momentos de reflexión», los cuales son vitales para la salud mental; y mejora la imaginación, lo que ayuda a resolver problemas y conflictos de la vida diaria. Por lo tanto, prueba nuevos pasatiempos e incluye más tiempo en tu itinerario para la creatividad. Algunas ideas fáciles al respecto incluyen mantener en tu escritorio un libro para colorear o para hacer garabatos, escribir, componer, pintar, cocinar, hornear o armar rompecabezas.

9 | Cómo mantener el cerebro joven y saludable

1. Desintoxica la mente, el cerebro y el cuerpo a diario.
2. Desarrolla el cerebro cada día.
3. Duerme lo suficiente.

10 | Asegúrate de consumir suficiente omega

Los ácidos grasos, conocidos también como omega, son vitales para la salud del cerebro puesto que ayudan a construir y fortalecer nuestra vaina de mielina, lo que nos permite pensar y procesar información a velocidades mucho más rápidas y con mayor eficiencia. Esto, a su vez, aumenta nuestro rendimiento cognitivo, impulsando nuestra salud mental y física al impactar de manera positiva la forma en que nuestro cerebro y nuestro cuerpo funcionan en el día a día. Trata de incluir en tu dieta más alimentos ricos en omega, como el salmón silvestre y el de criaderos, semillas de linaza, semillas de chía, nueces, etc.

11 | Sé consciente de tus pensamientos

Cuando estás consciente de un problema que tienes, puedes fortalecerlo o debilitarlo en función de las decisiones que hagas. Puedes optar por reflexionar sobre el asunto, con lo que permitirás que una estructura de pensamiento tóxica crezca en tu cerebro y afecte tu salud mental y física, así como también tus relaciones. O puedes optar por afrontar el problema, por reconocerlo; una manera de admitirlo es hablar con alguien para encontrar aquellas cosas que lo desencadenan, y entonces asumir un plan de acción para resolverlo. No medites en el problema; reconceptualízalo. Esto

significa verlo como una oportunidad para
crecer, aprender, desarrollarte y forjar tu
capacidad de resistencia al estrés.

12 | Practica la respiración profunda

Tan pronto como empieces a sentirte deprimido, ansioso, preocupado, temeroso o aterrorizado, practica la respiración profunda, que ayuda a reducir los niveles de cortisol en el cerebro y el cuerpo que bloquean tu cognición, lo que permite reducir la presión. La hiperventilación puede hacerte sentir peor, mientras que la respiración lenta y profunda te calma, reduce los niveles de adrenalina y cortisol, y permite que tu eje HHA (hipotalámico-hipofisario-adrenal, que controla la reacción al estrés) funcione en tu favor y no en tu contra, preparándote para una acción positiva. Una técnica que recomiendo (y que uso a menudo) para controlar la respiración es inhalar profundamente durante cuatro segundos, mantenerte así por cuatro segundos y exhalar cuatro segundos más. También puedes inhalar por un lado de la nariz y exhalar por el otro lado, lo que también ayuda a reducir la presión.

13 | Conversa con personas que tengan diferentes puntos de vista

Una excelente forma de desarrollar activamente tu cerebro es entablar una conversación con personas que tengan diferentes opiniones y creencias. No solo aprenderás más, sino que tu cerebro tendrá que trabajar más fuerte para procesar la información. Esta estimulación mental es excelente tanto para tu salud física como mental. Solo recuerda que siempre debes escuchar sin juzgar, sin engreimiento, arrogancia ni condena. Escucha y habla con el fin de aprender y crecer.

14 | Practica la «procrastinación intencionada»

Practicar la «procrastinación intencionada» puede ser una forma de reducir la ansiedad innecesaria en tu vida. Significa aprender a aceptar lo incompleto: no siempre puedes hacer todo a la vez, por lo que debes despejar un espacio en tu mente y compartimentarla, dejando de lado otras tareas para más adelante. Aprende a decir que no; tampoco apagues todos los fuegos. También es posible que debas reevaluar las fechas límite que te impones, ya que pueden ser poco realistas y causarte más estrés del necesario. ¿Hay aspectos en tu vida en los que sientes que puedes hacer esto?

15 | La terapia con luz infrarroja puede ayudar potencialmente a mejorar tu salud mental y física

Numerosos estudios han demostrado que la terapia con luz infrarroja es una forma en la que podemos ayudar a sanar y mejorar nuestra salud mental, cognitiva y física. Por supuesto, como he dicho muchas veces, no existe una «fórmula mágica» en lo que se refiere a nuestra mente y cerebro. Llevar una vida de autocuidado mental implica prestar atención a todos los aspectos de nuestra salud mental y física, incluido lo que pensamos, lo que comemos, nuestros patrones de sueño, cuánto ejercicio hacemos y muchas cosas más. Y, como parte de este enfoque equilibrado y centrado en la mente para vivir bien, la terapia de la luz roja puede ser una verdadera ventaja. El espectro de luz asociado con la terapia con luz infrarroja tiene la incomparable capacidad de estimular nuestras células, en particular las mitocondrias (las centrales eléctricas de nuestras células), las cuales crean más energía en el cuerpo a través del aumento de la producción de trifosfato de adenosina, lo que le permite funcionar a un nivel superior. Esta función mitocondrial mejorada y el aumento del flujo sanguíneo pueden llevar potencialmente a una reducción de la inflamación, mejores patrones de sueño, una piel de aspecto más saludable, una mejor recuperación muscular, menos dolor en las articulaciones, mejores estados de ánimo, mejor memoria y mucho más.

16 | Cuida de no depender demasiado de la «autoayuda»

En muchos casos, la industria de la autoayuda es conflictiva ya que promueve la idea de que para ser mejores, solo debemos enfocarnos en nosotros mismos. Esto va en contra de nuestra biología y el diseño del cerebro: nos necesitamos unos a otros para ser mejores y unos a otros para sanar. Si bien, por supuesto, es importante ocuparnos de nosotros mismos y de nuestra salud mental, física y emocional, también debemos ser intencionales respecto de nuestra «salud social». Piensa en formas en las que puedes ser intencional para construir una comunidad: comenzar un grupo de voluntarios o un club de lectura, ir a terapia conversacional o ayudar a alguien que sepas que está sufriendo. Las oportunidades son ilimitadas.

17 | Camina más

¿Buscas una liberación rápida del estrés, un antídoto para la ansiedad o un impulso para la creatividad? Sal a caminar. El aire fresco, la naturaleza y el movimiento físico son algunos de los mejores antidepresivos.

18 | Date tiempo para perdonar

Si alguien te ha lastimado, no te reproches no poder perdonarlo de inmediato y seguir adelante. No intentes «fingir hasta que lo logres» en lo relativo al perdón, porque no puedas simplemente deshacerte de los sentimientos o emociones (orando o reprimiéndolos), porque son estructuras físicas en el cerebro que requieren tiempo y esfuerzo para romperse. La curación lleva tiempo. Sé compasivo y paciente contigo mismo. Comienza reconociendo tus sentimientos, admite que deseas que desaparezcan; y luego usa técnicas de autocuidado mental como la reconceptualización (reinventar tus pensamientos) para desintoxicar tu cerebro. También es útil hablar con alguien sobre tus sentimientos o escribirlos, esto te ayudará a ganar claridad y perspectiva.

19 | A veces es mejor centrarse en los hechos que en las emociones

Aprender a aceptar pensamientos o emociones negativos puede ser extraordinariamente dificultoso, pero es necesario para superar lo que sea que los esté causando. Para hacer este proceso un poco más fácil, no te concentres solo en cómo te sientes; más bien, concéntrate en los hechos o en la lógica de la situación y plantéate preguntas. Por ejemplo, tal vez recibiste un correo electrónico que te causó estrés y ansiedad. En vez de pensar en cómo te sientes y entrar en pánico, concéntrate en las palabras del correo electrónico. ¿Qué está diciendo esa persona? ¿Por qué te hizo sentir estresado y ansioso? ¿Cuáles son los hechos de la situación? ¿Podría esa persona tener razón y estar tú exagerando? ¿Hay algo en esta situación de lo que puedas aprender? ¿Basas tu pensamiento en suposiciones o en hechos? Si sigues practicando esto de manera constante, concentrarte en los hechos se convertirá en un hábito y te ayudará a reducir la ansiedad en tu vida.

20 | No reprimas tu ansiedad

La ansiedad es, a menudo, un síntoma de emociones inexploradas y reprimidas. Cuando sientas algo negativo o algo que creas que es estúpido o vergonzoso, no lo reprimas ni lo ignores. Acéptalo, aprende de ello y reconceptualízalo.

21 | Mejora tu nutrición y optimiza tu salud mental

A continuación, tres sencillos consejos de nutrición que te ayudarán a mejorar tu salud mental y cerebral:

1. Come sentado.
2. Mejora la salud de tu flora intestinal, por ejemplo, tomando probióticos e ingiriendo alimentos con bajo contenido de azúcar.
3. Reduce o elimina los azúcares, los carbohidratos procesados y los refinados.

22 | La aceptación es importante

A menudo, la confianza proviene de aceptar factores externos que no puedes controlar. Aprender a aceptar tus reacciones y comentarios emocionales, «metabolizarlos», es clave para aumentar tu confianza. Una de las formas en las que puedes comenzar a hacer esto es tomando conciencia de las situaciones en las que podrías ser vulnerable y aceptarlas; luego, busca retroalimentación (cualquiera que sea) y reconceptualiza toda retroalimentación o emociones negativas como oportunidades para crecer y aprender. ¿Qué puedes empezar a aprender a aceptar hoy?

23 | Trabaja en tus inseguridades

Si tienes problemas con los celos, la inseguridad o la envidia (lo que ocurre en la mayoría de nosotros), puede ser útil recordar que:

1. La vida no es un juego de suma cero. El hecho de que a alguien le vaya bien no significa que haya menos posibilidades de que te vaya bien a ti. No existe un «depósito de éxito» que se esté agotando. Cuanto más triunfamos todos, más nos beneficiamos. Cuanto más grande se vuelva el pastel, más gente obtiene una porción.

2. No te quedes atascado en la vergüenza y la culpa asociadas con

esos sentimientos. Por el contrario, reconócelos (convéncete a ti mismo que es genial que estés consciente de ellos) y luego ve lo que te están diciendo. ¿Quizás necesitas mejorar en un área determinada de tu vida? ¿Quizás necesitas abordar algo más profundo? Siempre es importante superar las emociones incómodas, no las reprimas nunca.

24 | No dejes que tus fracasos te definan

¿Confundes el fracaso, una acción fallida, como identidad? Con demasiada frecuencia nos angustiamos mentalmente porque vemos el fracaso como parte de nosotros o como parte de otra persona. Es más, debemos ver el fracaso como una acción externa ajena a la identidad, como un tropiezo: nos pasó, pero simplemente nos volvemos a levantar. Cuando hacemos del fracaso una parte de nuestra identidad, lo hacemos permanente. Cuida de decir que eres un fracaso o que alguien más lo es. Es mucho mejor decir: «Fallé, pero eso es cosa del pasado» y concentrarte en lo que aprendiste de la situación. Considera el fracaso como un verbo, no como un adjetivo; una acción, no una descripción.

25 | Cuida de basar tus palabras y acciones en suposiciones

Comprueba constantemente que lo que piensas, dices y haces no se basa únicamente en suposiciones. ¿Tienes todos los hechos? De lo contrario, tus suposiciones están esencialmente construyendo estructuras en tu cerebro y creando realidades hechas de medias verdades, información errónea y, en muchos casos, mentiras; lo que afectará negativamente tu salud mental.

26 | Observa cómo juzgas las situaciones

A menudo, una situación en sí misma no causa angustia mental. Más bien, es nuestro juicio acerca de esa circunstancia lo que nos causa dolor o placer mental. Necesitamos estar constantemente conscientes de cómo percibimos y juzgamos las situaciones. Antes de reaccionar, hazte preguntas como: *¿Es esta situación lo peor que podría pasar?* o *¿Me estoy haciendo una suposición?* También puedes preguntarte por qué estás molesto por la situación. Y recuerda, es posible que no puedas controlarla, pero puedes controlar y tratar tus juicios y tus percepciones, lo que es vital para reducir las estructuras tóxicas en el cerebro y, por lo tanto, disminuir la angustia mental en tu ser.

27 | Persigue la curiosidad, no la pasión

Puede ser muy estresante concentrarse solo en la «pasión», como si fuera una cosa fija. Al enfocarte en encontrar «esa cosa singular» puedes perder muchas otras oportunidades. A veces es mejor seguir lo que te hace sentir curiosidad, lo que a menudo conduce a la pasión. Por lo tanto, no te estreses si no tienes una cosa que te apasione y, al contrario, disfruta de muchas cosas diferentes y no juzgues a los demás que siguen buscando y probando cosas nuevas. Todos están en un camino diferente. ¿De qué tienes curiosidad hoy?

28 | Empieza cada mañana recordándote tres cosas

1. La vida es corta y puede terminar en cualquier momento. ¿Cómo te gustaría pasar tus últimos momentos?
2. Hoy será un buen día, pase lo que pase, porque puedes controlar tus reacciones. Puedes convertir los momentos negativos en oportunidades de aprendizaje.
3. Uno de los mayores deseos humanos es ser relevante y estar conectado. ¿Cómo puedes hoy ayudar a que alguien se sienta relevante, conectado, necesitado y entendido?

29 | Reconoce la diferencia entre reaccionar y responder

Existe una gran diferencia entre reaccionar y responder. Reaccionar es, a menudo, algo instintivo e impulsivo; mientras que responder se basa en una elección deliberada. Todos los días tenemos oportunidades para reaccionar; sin embargo, podríamos terminar creando patrones de pensamiento tóxicos que afecten negativamente nuestra salud mental y dañen nuestras relaciones, o podemos aprender a responder y controlar nuestras reacciones. Responder requiere primero recopilar los hechos, dedicar un tiempo a pensar antes de hablar y percatarnos de que cada pensamiento o palabra crea una realidad que nos afectará a nosotros y a quienes nos rodean. Esto nos da control; mientras que reaccionar simplemente le da a alguien o a algo más control sobre nosotros. ¿Cómo puedes empezar a reaccionar menos y responder más?

30 | Las conversaciones más importantes son contigo mismo

¿Qué te dices a ti mismo cuando no hay nadie cerca? ¿Qué mundo estás creando para ti con tus pensamientos, palabras y acciones? Sé sincero contigo y dedica tiempo cada día a comprender cómo piensas y hablas contigo mismo. Con las palabras que dices y con lo que piensas creas tu realidad, por lo que la conciencia es vital.

31 | ¿Qué tipo de consejo les das a los demás?

¿Cuál es el consejo que más das? Presta atención a esto, ya que puede ser una indicación de algo que debes abordar en tu propia vida.

32 | Sé sensible con tus seres queridos

Si luchas por ser sincero y te resulta difícil hablar con la gente sobre tus sentimientos, te animo a que seas valiente y sensible. Da un paso a la vez y acepta tanto la incomodidad como la incertidumbre. Recuerda, es mucho más valiente reconocer las emociones que reprimirlas. Una vez que reconozcas tus sentimientos, podrás comenzar a sanar.

33 | Únete a una comunidad

La investigación muestra que cuanto más participamos en un grupo social, menor es nuestro riesgo de muerte por cualquier causa. Las relaciones de cualquier tipo pueden mejorar potencialmente nuestras posibilidades de supervivencia hasta en un cincuenta por ciento. ¿Cómo puedes participar más en tu comunidad? Medita en las formas en las que puedes unirte a un grupo y construir tu círculo social.

34 | Expresa tus frustraciones de forma adecuada

Cuando suceda algo frustrante o malo y necesites desahogarte, configura el cronómetro de tu teléfono por cinco minutos. En esos cinco minutos grita, llora, clama, chilla y haz lo que sea necesario para que te desahogues por completo. Cuando terminen esos cinco minutos, oblígate a detenerte y a decir: «No puedo controlar los hechos y circunstancias de la vida, pero puedo controlar mis reacciones ante ellos». Esto te ayudará a seguir adelante y no a concentrarte en el problema.

35 | ¿Criticas a los demás?

¿Crees que eres rápido para juzgar y criticar? A menudo criticamos el cambio en alguien porque nos obliga a confrontar algo en nuestra propia vida. Observa el modo en que reaccionas ante la vida de otra persona, porque esta puede ser una señal de que necesitas abordar algo en la tuya.

36 | Argumenta bien

Es extraordinariamente importante recordar que, en caso de cualquier argumento, no eres tú contra la otra persona. Más bien, es la otra persona y tú en contra del asunto. Separa al ser humano del problema.

37 | No asumas que sabes lo que alguien está pensando o sintiendo

Las suposiciones son la madre de todos los líos. A menudo, planteamos suposiciones acerca de las palabras o acciones de alguien y, en vez de pedir más información y aclaraciones, nos quedamos atascados cavilando en lo que pensamos que escuchamos o vimos. Este pensamiento sin duda es tóxico y puede causar angustia mental. Ahórrate los problemas y el dolor pidiendo claridad y cuestionando siempre los pensamientos que tengas. *¿Son verdad? ¿Tengo todos los hechos?*

¿Estoy juzgando o interpretando mal a esta persona o situación? El hecho de que pienses algo, no significa que sea cierto.

38 | Observa lo que piensas y dices acerca de ti

Ten cuidado con las etiquetas que asocias con tu identidad. Aparta unos minutos hoy para ver cómo te etiquetas y cómo te ves a ti mismo. ¿Estás asumiendo títulos innecesarios? Por ejemplo, en lugar de decir «Mi ansiedad», puedes decir: «Estoy luchando contra la ansiedad en este momento». No dejes que tus problemas definan lo que eres en tu esencia, esto puede mantenerte encerrado y no ayuda a tu sanidad interior.

39 | No alabes al adicto al trabajo

Necesitamos dejar de glorificar a la persona que trabaja todo el fin de semana y comenzar a elogiar a la que encuentra un buen equilibrio entre el trabajo y la vida. Nuestra cultura es una que elogia al adicto al trabajo, lo que es una de las principales razones por las que estamos viendo un aumento en el agotamiento mental, emocional y físico. ¿Glorificas el trabajo más que las relaciones? ¿Crees que el tiempo que trabajas define tu autoestima? Considera tu relación con el trabajo y cómo puedes mejorarla.

40 | Empieza y termina bien el día

Al despertar, dile a tu propio yo que hoy será un gran día y elabora contigo mismo o con un ser querido *el porqué* será así. Y antes de irte a dormir, piensa y trata por qué tuviste un buen día. Hacer esto de forma periódica entrenará a tu cerebro para que te concentres más en lo positivo. Nuestras expectativas modifican la estructura de nuestro cerebro de una buena manera. ¿Cómo empezarás tu día libre hoy?

41 | No te arrepientas de cometer errores frente a tus hijos

Como padres, a menudo nos sentimos culpables por cometer errores frente a nuestros hijos. Sin embargo, no debemos tratar de encubrir nuestras faltas ni dejar que la vergüenza y la culpa nos controlen. Más bien, debemos reconceptualizar nuestros errores como oportunidades de aprendizaje invaluables que ayudarán a preparar a nuestros hijos para navegar con éxito en las áreas difíciles de la vida. Necesitamos ser lo suficientemente valientes para admitir que estamos equivocados e igualmente fuertes como para corregir el error y seguir adelante. Necesitamos enseñar a nuestros hijos a ser sensibles, receptivos y sinceros para enseñarles la forma en cómo convertir un error en una oportunidad de crecimiento.

42 | El hecho de que pienses algo, no significa que sea cierto

Cuando descubras que estás pensando demasiado, que estás ansioso, enojado o experimentando algún tipo de emoción tóxica, dedica unos minutos a examinar tus pensamientos y a ver si son auténticos y reales. ¿Estás planteando suposiciones? ¿Estás exagerando demasiado? Luego analiza tu pensamiento hablando con otra persona para ponerlo en perspectiva y obtener más información. A partir de ahí, decide remplazar el pensamiento falso con la verdad, que puede no siempre ser «agradable». Tú puedes ser el responsable o el culpable de una situación. Sin embargo, es mejor afrontar la realidad ahora, que seguir intoxicando tu cerebro. Esta toxicidad se convertirá en realidad en tu vida y afectará tu salud mental.

43 | Aprende a tratar con el estrés

Es muy importante que aprendas cómo reaccionar correctamente y a manejar el estrés. Esto te ayudará a desarrollar tu fortaleza mental y capacidad de resistencia al estrés; a su vez, también te ayudará a lidiar con situaciones agobiantes en el futuro. Haz un plan de juego para que sepas qué hacer cuando estés estresado por algo. Cuanto más practiques reaccionar de buena manera ante situaciones estresantes, más fortalecerás los recuerdos saludables en tu cerebro y robustecerás tu inmunidad mental.

44 | Define tu propio éxito

Cuando no defines tu propio éxito, el mundo lo define por ti. ¿Cuándo fue la última vez que pensaste mucho en lo que significaba el éxito para ti, en tu vida misma? Dedica unos minutos hoy a escribir cómo es el éxito en tu vida personal (en lo profesional, espiritual, físico, mental y lo emocional); luego, reflexiona realmente en lo que anotaste. Asegúrate de revisar lo que escribes periódicamente para comprobar si estás bien encaminado. Recuerda ser flexible con los detalles y en cómo llegarás a donde quieres.

45 | No esperes que la vida te dé lo que quieres

No vivas con la mentalidad de esperar cosas de la vida. Más bien, adopta una mentalidad que pregunte: *¿Qué espera la vida de mí?* La primera actitud elimina la responsabilidad del individuo y es más probable que cause desilusión, ansiedad por falta de control y otros problemas de salud mental. La segunda actitud le da el control al individuo, así como más responsabilidad. En mi práctica e investigación, he visto que aquellos que sienten que tienen más control de sus vidas y de sus decisiones luchan menos con la mala salud mental. Por tanto, convierte en un hábito el preguntarte:

¿Qué espera la vida de mí? ¿Puedo hacerlo mejor? ¿Cómo puedo ser más responsable de mis decisiones, acciones y pensamientos?

46 | Haz del «tiempo de reflexión» una parte importante de tu vida

Proponte crear momentos, en tu día o semana, en los que puedas sentarte, pensar y estar a solas. A esos momentos los llamo «tiempo de reflexión» y son vitales para tu salud mental. Utiliza ese tiempo para reflexionar sobre ti mismo, o escribir un diario, aprender algo nuevo, meditar, orar o simplemente soñar despierto. Te recomiendo que programes estos momentos en tu calendario, de modo que no te olvides de usarlos o sientas el impulso de renunciar a ellos. He descubierto que esos momentos, a menudo, me muestran de qué manera es tóxico mi pensamiento y en cuáles malos hábitos debo trabajar.

47 | Usa tu tiempo libre para desarrollar tu cerebro

Forja el hábito de utilizar los momentos libres de tu día para desarrollar tu cerebro y aumentar tus conocimientos. Esos momentos pueden ser cuando te estás preparando para salir, cuando estás manejando, caminando, esperando una cita, etc. En vez de acceder a las redes sociales, lee un libro o escucha un *podcast*, una entrevista TED o un audiolibro. Proponte cada día saber cómo usar los momentos libres, porque estos pocos momentos suman horas y horas al año.

48 | No temas discutir

Una hora discutiendo correctamente puede salvar años de problemas en las relaciones. Tenemos que dejar de temer a las discusiones y de evadir las cosas con el propósito de empezar a aprender a argumentar correctamente. Solo cuando saquemos todo a la luz, podremos vislumbrar los problemas centrales y la sanación (mental, física y emocional) en las relaciones.

49 | ¿Qué tipo de lenguaje usas?

El lenguaje que usas, ¿pone a la gente a la defensiva? Es muy importante observar cómo expresas las cosas y qué palabras eliges. Evita declaraciones como «*Siempre* eres ____» y «*Nunca* ____». Evita, además, culpar. Intenta mirar hacia adentro y preguntarte si eres en parte responsable de la situación. ¿Hay algún problema subyacente que no estés abordando? Discutir puede ser muy bueno para las relaciones si se hace correctamente. Un consejo clave es aprender a hablar de una manera que no instigue ni agrave a los demás.

50 | No evites las tareas difíciles

Cuanto más tiempo dejes de lado una tarea desagradable, más tiempo tienes para pensar en ella, lo que la convierte en algo aún más desagradable y estresante. Adquiere el hábito de hacerlo a primera hora para que no te cause angustia mental. Esto reducirá la ansiedad o el estrés asociados con esta tarea y ayudará a mejorar tu salud mental. ¿Qué puedes hacer hoy que hayas estado posponiendo durante un tiempo?

51 | Toma medidas contra el deterioro cognitivo

¿Te preocupa el deterioro cognitivo? ¿O quizás conoces a alguien que lo sufre y quieres saber cómo ayudar? Una de las mejores formas de prevenir la aparición o el empeoramiento del deterioro cognitivo es mejorar la memoria tanto a corto como a largo plazo. Esto acumula las reservas cognitivas en el cerebro, que son cada vez más importantes a medida que envejeces. Para fortalecer tu memoria a corto plazo, practica memorizando listas de compras, números de teléfono, contraseñas, poemas, canciones, etc. Para fortalecer tu memoria a largo plazo, dedica al menos una hora al día a desarrollar tu cerebro a través del pensamiento y el aprendizaje profundo e intelectual: lee libros educativos, escucha un *podcast* sobre algo nuevo e interesante y vuelve a enseñar lo que has aprendido a un amigo o a un miembro de la familia.

52 | Extiende la mano y ayuda a los demás cuando estés deprimido

Parte de un buen régimen de autocuidado mental es alcanzar y ayudar a los demás, incluso si estamos luchando con nuestros propios problemas. Con demasiada frecuencia nos atascamos tratando de lidiar con nuestros propios conflictos, lo que puede hacernos ensimismar y empeorar nuestra situación: nuestros problemas se agrandan porque son todo lo que vemos. Ayudar a los demás, por otro lado, no solo aumenta nuestra propia sanación, sino que es una excelente manera de ganar perspectiva y gratitud, a la vez que robustecemos nuestra fortaleza mental. A veces, el mejor remedio es olvidarnos de lo nuestro y ayudar a los demás.

53 | Sé proactivo al establecer conexiones humanas

No esperes que la gente se conecte instantáneamente contigo. No asignes la responsabilidad a otros. Aparta el tiempo para analizar la calidad de tus conexiones y cómo puedes mejorar tus relaciones. Una excelente manera de construir conexiones significativas con alguien (de manera proactiva) es interesarte en lo que le gusta (aun cuando no te atraiga en lo particular). Haz preguntas, escucha, investiga, deja de lado el juicio y acoge la curiosidad. La conexión humana es uno de los mejores antidepresivos.

54 | No entres en pánico si no puedes conciliar el sueño

No te permitas acostarte con pánico por no dormir. En vez de eso, anímate y acepta el hecho de que estás despierto. Di para ti mismo: *Este será un momento agradable y tranquilo en el que no me molestarán los mensajes de texto, los correos electrónicos ni las personas que necesitan algo. Voy a hacer esa investigación, finalmente leeré ese libro, veré ese programa en Discovery Channel, ordenaré ese armario o trabajaré sin interrupciones en ese proyecto*. Esta emoción reduce los niveles de cortisol, equilibra el eje HHA (el «eje del estrés») y hace que el estrés trabaje a tu favor (no en tu contra), activando tu resiliencia y modificando tus genes de una buena manera. Desarrolla una expectativa positiva en cuanto a que este es un momento especial únicamente para ti y que has de usarlo de manera sabia. Esta mentalidad te ayudará a controlar tu pánico y mejorar tu salud. Sin embargo, una mentalidad con expectativas negativas solo dañará tu cerebro y te hará sentir peor, ¡no vale la pena!

55 | Anticipar los peores momentos, crea esos momentos

Cuando anticipamos o esperamos que suceda lo peor, forjamos ese pensamiento en nuestro cerebro, lo que puede afectar nuestras acciones, actitudes y palabras. Recuerda: tus expectativas crean realidades. Ser consciente de que los días o semanas malos no durarán para siempre, por lo que debes planear festejar cuando terminen. Deja que la anticipación de una recompensa te ayude a disfrutar el proceso de enfrentar los desafíos del día o de la semana.

56 | Enfócate en el «ahora»

Cuando se trata de tiempos difíciles, es muy importante concentrarse en el «ahora» (el momento presente). No temas ni te dejes acobardar con el futuro, ni caviles en el pasado, sobre todo en los fracasos y los errores cometidos. Cuando nos enfocamos demasiado en los miedos y preocupaciones futuros, perdemos de vista lo que está sucediendo ahora y cómo hacer que el «ahora» funcione para nosotros y no en nuestra contra. Además, enfocarnos en el pasado nos mantiene atrapados ahí, incapaces de lidiar con el ahora y menos disfrutar del momento presente. Al temer al futuro o arrepentirnos del pasado, reforzamos esas redes neuronales en nuestro cerebro y podemos crear un caos mental. En medio de un mal día o una pésima semana, concéntrate en el presente: ¿Qué puedes hacer para que la situación funcione a tu favor en este momento, qué puedes aprender y cuál es tu forma de pensar?

57 | No menosprecies la seriedad de las luchas de otra persona

¿Cuántas veces has escuchado a alguien decir: «Ah, eso no es tan malo» o «Fulano de tal está estresado, pero él no sabe qué es el estrés real» o «¿Crees que estás estresado? Estresado estoy yo». Ese tipo de declaraciones son muy peligrosas porque muestran una sensación de autoimplicación y una falta tanto de compasión como de comprensión por los demás. Nunca sabrás el grado de dolor o estrés en el que se encuentra otra persona porque no eres tú quien lo siente.

Por lo tanto, practica la empatía y haz todo lo posible por escuchar lo que alguien está tratando de decirte sin juzgarlo.

58 | Al tratar con personas difíciles, a veces es mejor generar confianza primero

Cuando se trata de alguien que es difícil y no quiere ayuda o parece que no quiere cambiar, a veces el mejor enfoque es primero generar confianza y una relación más sólida al interactuar con la persona en temas que le interesen y escucharlo sin juzgarlo. ¡No intentes simplemente resolver sus problemas! Esto no significa que ignores el problema; en vez de eso, inicias una conversación o interacción con el deseo de involucrarte con esa persona en temas que le interesen, para generar confianza, que es la base del verdadero cambio. Hacer esto ayudará a facilitar conversaciones profundas y significativas en el futuro y puede hacer que la persona sea más receptiva a lo que tienes que decir (no quieres que tus palabras se sientan como una intervención repentina).

59 | Aprecia la travesía de la vida

A medida que avanzas en tu día, no te concentres solo en cuánto puedes hacer. Más bien, concéntrate en cuánto puedes aprender. La vida tiene mucho que ofrecer, ¡acéptalo!

60 | No juzgues un libro por su portada

Siempre es importante darse cuenta de que hay un mensaje más profundo tras las acciones y palabras que alguien exterioriza. Concéntrate en eso más que en «Fulano de tal hizo esto», especialmente en situaciones difíciles. Ten en cuenta el *panorama general*: ¿Por qué preocuparte por esa persona? Piensa en el amor que sientes por tu amigo o tu familiar.

61 | Pon tu mente en orden antes de ir a dormir

El secreto para dormir mejor no es una pastilla. Más bien, es un constante cuidado mental y el manejo de la mente. Si tu mente está sumida en el caos, ninguna pastilla ni ningún truco para dormir funcionará. Es importante recordar que no existe una solución rápida para desintoxicar la mente y el cerebro; eso es un *estilo de vida*. Este autocuidado mental básico es tan necesario como bañarse y lavarse los dientes. Mantén tu cerebro sano y sanarás el daño del pensamiento tóxico, que puede estar contribuyendo a mantenerte despierto por la noche.

62 | Protege tu salud mental cuando trates con personas difíciles

A lo largo de todo el proceso de lidiar con una persona difícil, debes recordar proteger tu propia salud mental porque este tipo de situaciones pueden ser difíciles y agotadoras. Asegúrate de tener una persona designada con la que puedas hablar y que pueda ayudarte a procesar situaciones y emociones difíciles. Y, cuando corresponda, utiliza la tecnología a tu favor: si una persona difícil llama pero tú necesitas un descanso, permite que te deje un mensaje de voz y envíale un mensaje de texto diciéndole que lo llamarás más tarde. A veces es mejor enviar un mensaje de texto que llamar, eso puede ayudarte a pensar con claridad antes de responder de manera reactiva y emocional. De hecho, tómate el tiempo para pensar siempre antes de responder, ¡nunca reacciones impulsivamente! Y cuando te sientas atacado, imagínate el escudo de una armadura alrededor de tu mente que te protege de las «flechas» de sus desagradables palabras. Esto puede ayudarte a divorciar tus propias emociones del problema y darle un descanso a tu mente, así como recordarte a ti mismo que es solo su dolor el que habla, no un ataque directo contra ti. ¡Es importante establecer *límites definitivos*!

63 | Haz de las «autopsias mentales» una parte habitual de tu día

Cuando te enfrentes a una situación o persona difícil o simplemente a un mal día en general, haz una «autopsia mental». Reflexiona en tus experiencias pasadas, analízalas y examina por qué salió algo como lo que hiciste y cómo puedes mejorar, ya sea que se trate de algún tipo de trauma, una pelea, un problema en el trabajo o algo similar. Las autopsias mentales se realizan después de un error o una experiencia para ver qué salió mal (o bien), al igual que una autopsia normal considera al cadáver para ver qué pasó. La clave para una buena autopsia mental es la comprensión. Cuando empieces a comprender tus experiencias, puedes reconceptualizarlas (o rediseñarlas) y aprender de ellas, en lugar de pensar demasiado y cometer los mismos errores repetidamente. Pregunta, responde y discute contigo mismo por qué sucedió algo, cómo sucedió, cuáles fueron los desencadenantes, etc. Esto te ayudará a comprender mejor el problema y ver cómo lo puedes evitar en el futuro o cómo puedes mejorar la forma en que reaccionas la próxima vez que suceda algo similar.

64 | Haz planes mentales acerca de lo que quieres cambiar o lograr

Cuando se trata de crear hábitos sostenibles en tu vida, planificar y escribir tus metas de una manera que te permita ver el panorama general y recordarlo a diario es extraordinariamente importante. Puede ser útil llevar un diario y usar un calendario, un rastreador de hábitos o algo similar. Escribir las cosas ayuda a organizar tu pensamiento, lo que, a su vez, te ayuda a tomar mejores decisiones porque puedes permanecer aislado de ti mismo y observar tu vida desde un punto de vista más «neutral» y menos emocional. Ten una visión clara de por qué y qué quieres cambiar.

65 | Si alguien que conoces está luchando, escucha su historia

Si conoces a alguien que sufre depresión o ansiedad, no te limites a comunicarte con él para tratar de «arreglarlo». Simplemente conéctate con la persona, escúchala y capta sus necesidades y su historia. La gente quiere ser escuchada, no corregida ni «arreglada».

66 | Enséñales a tus hijos que sentirse triste o ansioso no es malo

Padres y tutores: enséñenles a sus hijos que la ansiedad y la depresión son partes normales de la vida, que van y vienen. Estos sentimientos no significan que sus hijos estén «destrozados» o que algo anda mal con ellos. Sobre proteger a sus hijos no los preparará para la dureza de la vida. Enséñenles cómo luchar y superar los momentos difíciles de la vida. Muéstrenles cómo ser resilientes; muestren su amor por ellos a través de sus palabras y acciones, y sean receptivos en cuanto a sus propias luchas. Creen un entorno en el que sus hijos puedan hablarles sin juzgarlos.

67 | Admite que los objetos materiales no lo son todo

Disfrutar de las cosas materiales siempre disminuye con el tiempo. Ten esto en cuenta la próxima vez que sientas la tentación de pensar que un objeto que deseas te traerá una felicidad duradera.

68 | Piensa en la felicidad de manera diferente

La felicidad no es un estado fijo ni algo que se pueda definir o cuantificar. La felicidad no es un sentimiento perpetuo de alegría o euforia. No es un producto de consumo. No se encuentra ni se descubre. Generamos la felicidad a través de la forma en que enmarcamos y manejamos los acontecimientos de la vida y nuestras expectativas con esos eventos. No hay ningún secreto para la felicidad. Recuerda, no encuentras la felicidad, tú la creas.

69 | Aprende a tratar con el rechazo

Cuando te enfrentes al rechazo, no pienses inmediatamente que hay algo mal en ti. Más bien, justifica la situación, asume el papel de inspector o detective y examina lo sucedido desde una posición imparcial. Eso ayudará a aliviar la situación y te permitirá encontrar claridad, de manera que conviertas la situación en una experiencia de aprendizaje.

70 | Considera lo que piensas

Tu mente controla tu cerebro y tu cerebro controla tu cuerpo. Si quieres un cuerpo sano, necesitas una mente sana. El cambio físico comienza con un cambio mental. Eres y te conviertes en lo que piensas.

71 | Practica no hacer nada

Muchos de nosotros nos sentimos culpables cuando necesitamos tomarnos un descanso o unas vacaciones, puesto que vivimos en una sociedad que constantemente nos dice que solo somos valiosos si trabajamos todo el tiempo. Sobrevaloramos a las personas que trabajan horas extras, glorificamos sus agitados horarios y subestimamos el poder y la belleza del descanso y la tranquilidad. Necesitamos reconocer que aunque la mente es infinita, el cerebro es finito y necesita descansar para funcionar bien. Podemos dar lo mejor de nosotros solo cuando estamos descansados, por eso es tan importante aprender cómo estar bien sin hacer nada de vez en cuando, aunque sea solo por unos minutos. ¿Cómo puedes practicar hoy «no hacer nada»?

72 | Sé pacificador, no consentidor

¿Eres pacificador o consentidor? El pacificador busca restablecer el equilibrio y encontrar una solución, por lo que se centra en los demás. Quien complace a las personas, por otro lado, se enfoca en sí mismo, a menudo desea evitar el conflicto y la incertidumbre hasta el punto de sacrificar su salud mental y moral.

73 | Adopta una mentalidad curiosa

Intenta esto la próxima vez que estés tratando con alguien grosero o que esté enojado: con calma, pide más detalles y una explicación de por qué está enojado o frustrado contigo, en lugar de simplemente reaccionar. Esta mentalidad cambiará tu lenguaje corporal y tu tono de voz, lo que puede ayudar a calmar a la otra persona, obligándola a hacer una pausa y pensar antes de atacarte.

74 | Cambia la manera en que te valoras a ti mismo

No bases tu autoestima en la cantidad de tareas que puedes completar en un día. Basa tu autoestima en cómo has crecido y en lo que has aprendido en un día.

75 | Escucha a tu cuerpo y deja de pensar demasiado

¿Cómo saber si estás pensando demasiado o profundamente? Tu cuerpo y tu mente te lo dirán. Cuando pienses demasiado, entrarás en estrés tóxico y tu cuerpo responderá; tal vez te sientas enfermo o te duela la cabeza. También es importante analizar tus pensamientos y emociones para que puedas descubrir qué es lo que te hace pensar demasiado y tratar el origen de ello. Pregúntate por qué te sientes estresado por algo, qué está sucediendo realmente, cómo puedes cambiar la situación y cómo tu forma de pensar está afectando tu capacidad para lidiar con ella. Escribe tus pensamientos;

eso puede aportar claridad a la situación actual. Convierte el pensamiento excesivo en *pensamiento profundo.*

76 | Pide aclaración si estás pensando demasiado en una situación

Si te das cuenta de que estás pensando demasiado en una situación o problema, aparta el tiempo para pedirle más aclaraciones a la otra persona involucrada antes de hacerte suposiciones que solo te llevarán a pensar más. Pregúntale qué quiere decir, por qué dijo lo que expresó o por qué hizo tal o cual cosa. Asegúrate de calmarte antes de responder con enojo o de manera reactiva. Sé paciente. Solicitar más información, en definitiva, ayudará a evitar malentendidos que surgen como resultado de una mala comunicación.

77 | Decide no ser hipersensible

Es muy importante no pensar demasiado en las situaciones ni asumir que las personas han dicho o actuado de cierta manera porque estaban tratando de enemistarse contigo. No te victimices. Opta por detenerte y meditar en la situación de una manera racional; y no permitas que tus emociones se apoderen de ti. Examina cómo te ves a ti mismo, anótalo y piensa en formas en que puedes darles a las personas el beneficio de la duda en lugar de simplemente suponer que conoces sus pensamientos.

78 | Haz que leer al menos una hora al día, sea una prioridad

La lectura no solo edifica el cerebro de una manera saludable, sino que también ayuda a desarrollar nuestras neuronas espejo y habilidades con las personas. Abre las partes del cerebro responsables de nuestra compasión, comprensión y empatía, lo que nos convierte en mejores líderes, maestros, padres y hermanos.

79 | Toma medidas para que evites comer en exceso

Comer en exceso puede tener un impacto negativo en tu salud física y mental. Para evitar comer en exceso intenta esperar veinte minutos antes de recibir una segunda ración de comida. Puedes tomar una taza de café o té o hasta salir a caminar. Eso permitirá que tu cerebro «alcance» a tu estómago y reconozca lo lleno que estás. Si comes excesivamente rápido y con demasiadas distracciones (televisión, teléfono, en el trayecto de un viaje), tu cerebro puede perder la señal que envía tu estómago informando que está lleno.

80 | Cambia la forma en que reaccionas a los comentarios negativos

A nadie le gusta recibir comentarios negativos; nos sentimos atacados o avergonzados. Sin embargo, en vez de lanzar una estocada, tómate unos segundos para calmarte. Piensa en lo que dijo la persona y mide tu respuesta. Di algo como lo que sigue: «Le agradezco que se haya tomado el tiempo y el esfuerzo para decirme eso. Gracias». Eso te hará más receptivo a los comentarios en el futuro, lo que puede ayudarte a mejorar, crecer y aprender.

81 | Mantén un diario en el que escribas tu «malestar»

Una forma de identificar qué te está causando ansiedad y angustia mental es llevar un registro por escrito de los momentos en los que te sientes incómodo. Anota los detalles de la situación, cuáles podrían ser tus desencadenantes, cómo te sentiste y con quién estabas. Al igual que un diario en el que lleves registro de tu alimentación (que puede ser útil en lo relativo a identificar alergias e intolerancias), un diario de tus «molestias» puede ayudarte a identificar los problemas con los que debes tratar.

82 | Hazte consciente de los problemas que afrentas

Estar consciente de un problema es magnífico. Aunque puede que no se sienta muy bien estar al tanto de que hay algo malo en ti, es una parte extraordinariamente importante del proceso de curación. Solo cuando te des cuenta de que tienes un problema, podrás comenzar a cambiarlo. ¿Con qué frecuencia has dejado de lado un sentimiento de tristeza o soledad sin ver por qué te sientes así? Los problemas no se pueden suprimir por mucho tiempo. Celebra que estás consciente de ellos, luego sigue adelante y toma las medidas pertinentes para remediar la situación. ¿De qué problemas puedes tomar conciencia y comenzar a cambiar en tu vida?

83 | No tengas miedo de aceptar que eres celoso

Los celos son algo que a nadie le gusta reconocer, pero es una emoción peligrosa y debe tratarse de inmediato. Los celos causan daños en el cerebro y pueden contribuir a la mala salud mental. De modo que, ¿cuál es el primer paso que hay que dar para tratar con ellos? Reconocerlos. Acepta esa irregularidad. Solo entonces podrás empezar a cambiar. Dedica algo de tiempo hoy y pregúntate si tienes celos.

84 | No te desanimes si el trayecto dura más de lo esperado

Se necesitan veintiún días para desarrollar una nueva memoria a largo plazo, y sesenta y tres para crear un nuevo hábito. ¿Cuál es la moraleja aquí? El cambio lleva tiempo, así que no te desanimes si no ves los resultados de inmediato. Además, ten cuidado con cualquiera que te prometa una solución rápida a un problema; los resultados solo serán temporales. El cambio verdadero y duradero requiere tiempo.

85 | Haz de la gratitud una prioridad hoy y todos los días

Sé agradecido siempre. Hay personas a las que les encantaría tener uno de tus días malos. La gratitud nos hace sentir que vale la pena vivir, lo que trae beneficios para la salud mental en un ciclo de retroalimentación positiva que conduce a una mayor resiliencia, que es la capacidad de recuperarse más rápidamente durante los tiempos difíciles. Por lo tanto, la gratitud es esencial para superar las circunstancias dificultosas y lograr el éxito en todas las áreas de tu vida.

86 | Sonríe y carcajea a menudo

Recuerda sonreír a menudo y llenar tu vida de momentos de humor. Las investigaciones demuestran que la sonrisa y las carcajadas pueden estimular el sistema inmunológico, aliviar el dolor, relajar el cuerpo e incluso reducir los efectos negativos del estrés.

87 | Sueña despierto a menudo

Es probable que alguien cercano a ti te haya dicho que dejes de soñar despierto. Bueno, aquí estoy yo para decirte que soñar despierto es realmente muy bueno para uno. Dejar que tu mente se desplace le da a tu cerebro descanso físico y permite que la información fluya libremente, lo que ayuda a combatir los patrones de pensamiento negativo, a la vez que impulsa la creatividad y la imaginación. Por lo tanto, ¡tómate unos segundos cada día para dejar que tus pensamientos se muevan!

88 | Cambia tu forma de ver una situación estresante

¿Sabías que el estrés puede ser bueno para ti? Cuando ves una situación agobiante como una montaña invencible, conviertes a esa montaña en estrés tóxico. Sin embargo, si cambias tu actitud ante una situación estresante, también puedes modificar el resultado. Una buena reacción al estrés te mantiene alerta, por lo que puedes aumentar la función cognitiva y la flexibilidad. Recuerda, la forma en que ves una situación determinará cómo lidiar con ella. Así que opta por ser positivo y ve los desafíos como oportunidades para crecer y aprender.

89 | Sustituye los pensamientos negativos y tóxicos con una «actitud de agradecimiento»

Cada vez que te sientas deprimido, piensa en todas las cosas buenas de tu vida. Eso te mejorará el cerebro y el cuerpo. La gratitud puede aumentar tu longevidad, tu capacidad para usar la imaginación y la habilidad para resolver problemas. Por lo tanto, cuando pases por momentos bajos en tu vida, escribe lo que te hace estar agradecido en una nota adhesiva y colócala en algún lugar que puedas ver. Quizás envíes un mensaje de texto o llames a un amigo con el fin de decirle lo agradecido que estás de que sea parte de tu vida. Recuerda, cuantas más cosas buenas veas en tu vida en estos momentos, más feliz y exitoso serás en la escuela, el trabajo y en la vida por venir.

90 | No dediques demasiado tiempo a definir el problema

En lo referente a cualquier situación que enfrentemos, a menudo pasamos demasiado tiempo enfocándonos en el problema y muy poco en la solución. En esencia, podemos ser bastante buenos para reconocer lo que necesitamos cambiar, aunque no reconozcamos cómo ni cuándo hacerlo. De hecho, si pasamos demasiado tiempo reflexionando en el problema, es probable que quedemos atrapados en las emociones asociadas con el patrón de pensamiento tóxico, lo que puede llevar al agotamiento emocional, la fatiga mental y al aumento de la ansiedad. En lo referente a una situación, o simplemente a la vida en general, es mejor dedicar una cantidad limitada de tiempo a definir cuál es el problema y concentrarse más en el plan de acción. De modo que, la próxima vez que te enfrentes a un desafío, piensa en la variedad de formas en que una situación puede funcionar a favor tuyo. En lo particular, trato de ceñirme a un «plan de un tercio» cuando se trata de lidiar con un patrón de pensamiento negativo o una situación estresante: uso un tercio de mi tiempo para definir y hablar sobre el problema, otro tercio para planificar la solución y un último tercio para transformar la solución en algún tipo de acción positiva.

91 | No tomes decisiones cuando estés cansado

El cerebro tiene energía limitada, por lo que necesita recargarse. Cosa que hacemos al optar por un estilo de vida, como cuando adoptamos una buena nutrición y un programa de ejercicios pero, más aún, al optar por buenas técnicas de control mental. Nuestra mente es infinita e incansable; nuestro cerebro es finito y se cansa. Cuando estás cansado, las funciones químicas no fluyen como deberían y las redes internas del cerebro pueden atascarse o sobrecargarse. Esto es similar a conducir un auto bajo una tormenta con los limpiaparabrisas rotos; una verdadera receta para el desastre. Es importante tomar descansos periódicos para la salud mental a lo largo del día, en forma de «momentos de reflexión», para soñar despierto por unos momentos; recomiendo un minuto cada hora. Esos momentos le dan a tu cerebro un descanso y le permiten reiniciarse y sanar, aumentando tu claridad de pensamiento y organizando las redes de tu cerebro, lo que te ayudará a tomar decisiones sabias en vez de «reaccionar sin considerar tus palabras o tus acciones».

92 | Adopta una «mentalidad abierta a las posibilidades»

Debemos ser realistas, por supuesto; pero también debemos tener lo que denomino una «mentalidad abierta a las posibilidades». Si simplemente asumimos que hemos fallado porque las cosas no han salido como queremos, es probable que obstaculicemos nuestro avance, lo que puede alterar el bienestar mental ya que nuestro cerebro se atasca en una reacción negativa y estresante. Sin embargo, cuando aprendemos a pensar que hay más que un plan A o un plan B, aprovechamos el sesgo optimista del cerebro, que nos ayuda a levantarnos cuando fallamos, de modo que no nos estresamos si las cosas no salen según lo planeado. Estar preparados para cambiar nuestros pensamientos de esa manera, sobre todo cuando las circunstancias cambian, ayuda a desarrollar la flexibilidad mental, la resiliencia, la creatividad y la imaginación. Esto nos da esperanza, ya que seguimos intentándolo hasta alcanzar nuestras metas. Por lo tanto, practica viendo múltiples posibilidades en cualquier situación dada, incluso anótalas en tu diario.

93 | Dispón de un sólido sistema de apoyo

Cada vez que te sientas al borde del estrés tóxico, habla con tus amigos o familiares (aunque solo sea una llamada telefónica o una conversación por texto) para que tengas una perspectiva y trates con tu ansiedad de una manera positiva. A veces, ver la vida difícil no es algo de lo cual avergonzarse, pero reprimir tus emociones provocará un estrés tóxico en tu cerebro y tu cuerpo que puede afectar gravemente tu salud mental y física. Por eso es tan importante desarrollar el hábito de acercarte a los demás cuando los tiempos se ponen difíciles. Eso ayuda a fortalecer la inmunidad de tu cerebro al estrés mediante la activación de interruptores genéticos positivos en el cerebro. *Recuerda, la clave para lidiar con el estrés no es fingir que siempre estás bien; más aún, la resistencia al estrés proviene de ser proactivo en la búsqueda de ayuda y en auxiliar a los demás.*

94 | No te atasques en una mentalidad de víctima

Es muy importante evitar la mentalidad de víctima, la cual puede mantenernos atrapados en reacciones de estrés tóxico y así disminuir nuestra resistencia a situaciones estresantes. Cuando asumimos la responsabilidad de nuestras decisiones y de nuestra existencia, podemos sentir que tenemos más control y reconocer que, aun cuando no podemos controlar los pensamientos o reacciones de otras personas, podemos controlar los nuestros. Por lo tanto, observa lo que dices y reflexiona en lo que sucede en tu vida. ¿Te sientes víctima constantemente? ¿Asumes la responsabilidad de tus decisiones?

95 | Trabaja en la confianza en ti mismo

Dedica tiempo a descubrir en qué eres bueno. ¿Qué te gusta? ¿Qué te hace desear levantarte de la cama por la mañana y conquistar el mundo? Lee más libros sobre todo tipo de temas para que descubras lo que te interesa y medites en los momentos en los que fuiste más feliz o estuviste en paz con el fin de recrearlos. Eso te ayudará a estar en paz con lo que eres y con lo que quieres ser, independientemente de lo que otras personas piensen de ti. Es más, pensar en tus relaciones con amigos o con otros seres queridos con los que te sientes feliz y puedes ser tú mismo puede contribuir a que aprendas a verte de manera positiva. ¡Escribe esto! Todos tenemos algo grandioso que dar al mundo. Aprende a respetar y aprovechar esa grandeza, lo que te ayudará intrínsecamente a motivarte para ser la mejor versión de ti mismo y no te dejarás llevar por factores extrínsecos como lo que otras personas piensen de ti.

96 | Enfócate en los hábitos saludables, no en soluciones rápidas

En lo referente a tu salud, debes enfocarte en objetivos a largo plazo, no en arreglos rápidos o soluciones súbitas. Cuando intentamos engañar a nuestra propia constitución biológica con dietas o programas extremos, es posible que logremos nuestras metas en poco tiempo, pero también podríamos estar causando un daño incalculable a nuestro cerebro y a nuestro cuerpo. Es mucho más beneficioso dedicar tiempo a desarrollar hábitos saludables. Centrarte en este proceso, más que en una meta poco realista, construye una base mental sólida para un verdadero cambio que ha de fortalecer tu carácter a través del autoexamen y la disciplina. A medida que centras tu atención en cultivar una mentalidad y una actitud que te hagan disfrutar el proceso de estar saludable, en realidad puedes construir y desarrollar buenos hábitos mentales a largo plazo. Por lo tanto, en vez de pasar de una dieta a la siguiente, es mucho mejor trabajar para desarrollar un estilo de vida saludable que te permita tener éxito a largo plazo, uno que incorpore hábitos saludables de pensamiento, alimentación, sueño y ejercicio. Cuando adoptas este enfoque general de tu salud física, realmente puedes concentrarte en mejorar cada área de tu ser y mantener patrones de comportamiento que contribuyan a que desarrolles una mejor vida.

97 | Acepta el desafío

Los desafíos pueden sacar lo mejor de nosotros. Llegar al otro lado de un reto trae una sensación de felicidad por el logro, fortalece la mente y prepara el escenario para el próximo desafío con la adición de las nuevas habilidades que hemos adquirido. El entrenamiento mental a través del pensamiento profundo y la comprensión para desarrollar la memoria y el aprendizaje aumentan la cantidad de neuronas que se desarrollan en el cerebro, particularmente cuando los objetivos del entrenamiento son desafiantes. Este crecimiento de neuronas con sus dendritas (que es en realidad donde se almacena la memoria) contribuye a que se formen recuerdos a largo plazo, útiles y significativos, lo que fortalece la mente y crea la base del éxito. Opta por hacer algo todos los días que desafíe tu mente, ya sea leer un libro, aprender un idioma o estudiar algo que te interese. Planifica con anticipación y elige algo que te ayude a expandir tu base de conocimientos y desarrollar la autodisciplina y la resiliencia mental.

98 | Deja de compararte con los demás

La comparación es asesina, así de simple y llano. Afecta la manera en que piensas respecto de tus propias habilidades y tu capacidad para usar la mente con el fin de tener éxito en la escuela, el trabajo y la vida. Es importante que te recuerdes a ti mismo que la ley del cerebro es la diversidad: no existe otro ser humano «igual» a uno, de manera que quien intente ser un Einstein o una Celine Dion, ha de fracasar. Haces un pésimo papel de alguien más; pero haces un papel perfecto de ti, porque piensas de una manera completamente incomparable y maravillosa. Por lo tanto, depende de ti diseñar tu propio plan para el éxito. Puedes hacer algo que nadie más en el mundo puede hacer, ¡algo que hay que celebrar! Desarrolla una mentalidad expectante cuando pienses en ti mismo: espera grandes cosas. Tal vez debas escribir en un diario lo que te gusta y quieres hacer para leerlo cuando te sientas deprimido.

99 | Establece límites de trabajo

A veces tenemos que trabajar duro con un plazo límite o hay algo urgente que debemos hacer mientras estamos de vacaciones. Si ese es el caso, es importante establecer límites de trabajo planeando un lapso durante el día para trabajar; y luego detenerte y descansar cuando hayas terminado (usar el cronómetro o la alarma de tu teléfono puede ser útil). No te limites a decir: «Déjame terminar esto rápido», porque podrías terminar trabajando varias horas en cosas que realmente no necesitas hacer. Planea el trabajo como si fuera una cita para almorzar; y luego disfruta de tu tiempo libre.

100 | Concéntrate en tu travesía

Compárate con cómo eras ayer, no con la persona que eres hoy. La travesía de cada uno es única. No te enfoques en lo que otra persona está haciendo ni la envidies, porque nunca serás esa persona. Concéntrate en mejorar cada día, aun cuando se trate de pequeñas mejoras. Tal vez intentes hacer un poco más de ejercicio cada día o dediques un poco más de tiempo a leer y aprender una nueva habilidad. Concéntrate en tu travesía.

101 | Escribe una carta de agradecimiento a alguien cercano

¿Cuándo fue la última vez que escribiste una carta de agradecimiento a alguien por ser parte de tu vida? Esta es una de las cosas más fáciles que puedes hacer para mejorar tu salud mental. Los estudios han demostrado que este simple acto no solo mejorará tu propia felicidad y tu bienestar, sino que también fortalecerá tus relaciones significativas, ya que escribir una carta demuestra que estás dispuesto a invertir tiempo en la relación que tienes con esa persona.

Conclusión

Todo el mundo parece estar hablando de ser consciente y tomar tiempo para invertir en sí mismo. Al usar este libro, ya has ido más allá de la consciencia. Has comenzado a aprender cómo hacer que tu mente trabaje para ti, cómo usar tu mente para moldear tu vida. Estás invirtiendo en tu autocuidado mental y creando un estilo de vida que promueve la salud del cerebro y el cuerpo.

Has comenzado a aprender a ir más allá de ser consciente de tus pensamientos; a calmarte y reconocer tus sentimientos, pensamientos y sensaciones corporales en el momento presente. Has aprendido a gestionar tu respuesta en el momento y a realizar cambios sostenibles y perdurables. Eres el «capitán de tu alma».

Lo que debes recordar siempre es que tienes importantes recursos a tu alcance: tu mente es extraordinariamente poderosa. Puedes utilizar tus pensamientos para mejorar tu intelecto general, tu rendimiento cognitivo y tu bienestar físico y mental. Aprovechar estos recursos naturales te empoderará sobre tu presente, la profundidad y contexto de tu pasado, y la anticipación para el futuro.

Sobre la autora

La doctora **CAROLINE LEAF** es patóloga comunicacional y neurocientífica cognitiva, cuya pasión es ayudar a las personas a ver el poder de la mente para transformar el cerebro y encontrar su propósito en la vida. Es autora de *Enciende tu cerebro*, *Piensa, aprende y ten éxito*, *Tu yo perfecto* y *Think and Eat Yourself Smart*. Sus muchos otros libros, artículos de revistas, videos, *podcasts* y episodios de televisión han llegado a millones de personas en todo el mundo. Actualmente enseña y dicta conferencias en escenarios académicos médicos y neurocientíficos, así como en iglesias por todo el mundo. La doctora Leaf y su esposo, Mac, viven con sus cuatro hijos en Dallas y Los Ángeles.